Heras Fest ✦ Märchen von der Würde des Menschen

Ulrike Munte

Heras Fest

Märchen von der Würde des Menschen

für Kinder von 9 bis 99 Jahre

Schon immer hatten die Menschen gespürt, dass das Leben auf der Erde von geheimnisvollen Kräften und Mächten beeinflusst und gelenkt wurde. Diese Kräfte waren außerhalb alles Irdischen, nicht sichtbar, aber dennoch vorhanden.

Die Menschen staunten. Sie waren neugierig und stellten Fragen. Sie wollten etwas erfahren über diese Mächte und über sich selbst. „Alles was da ist und was geschieht muss eine Ursache haben und braucht einen Namen", meinten sie und überlegten, wie sie diese Kräfte und Mächte benennen sollten. Schließlich einigten sie sich auf den Namen Gott.

Dieser Name gefiel ihnen. Nun konnten sie die geheimnisvollen Mächte anreden, sich in schwierigen Situationen an sie wenden und Antworten erwarten. Sie gaben den Göttern menschenähnliche Gestalt, nur etwas schöner und kräftiger, da sie ja höhere Wesen waren. Jeder Gott hatte seine eigene Bestimmung.

In Griechenland, ganz oben auf einem sehr hohen Berg, in einem großen Haus, das sie Tempel nannten, wohnten die zwölf Hauptgötter mit ihren Familien. Um dieses prächtige Gebäude herum standen viele kleine Tempel, damit jede Familie ihren Platz zum Leben hatte. Der Berg hieß Olymp, daher nannte man die Götter, die dort wohnten, auch olympische Götter. Bis zum Himmel erstreckte sich das große Haus und war für die Menschen unerreichbar. So konnten sie nur ahnen, was oben auf dem Olymp geschah.

Der Mächtigste und Stärkste im Götterhimmel war Zeus. Er schmückte sich gern mit seinen Machtsymbolen: einem Zepter, einer Donnerkeule, mit der er die Wolken vorantrieb, mit Blitzen und mit einem Adler, der wie sein Herr sehr stark und sehr mutig war.

Zeus hatte eine besonders wichtige Aufgabe. Er machte das Wetter und sorgte dadurch für gute und schlechte Ernten. Je nach Jahreszeit schickte er Sonne und Wolken, Regen oder Gewitter auf die Erde.

Wie die Menschen, so wollten auch die Götter ihre Aufgaben und Pflichten so gut wie möglich erfüllen. Ziel war es, auf der Erde mit ihren vielen Bewohnern für Ordnung zu sorgen, um Frieden, Gerechtigkeit und Freude zu verbreiten.

Zeus hatte eine hübsche, sehr fleißige Gemahlin.
Sie hieß Hera.
Ihre Aufgabe war es, sich um das Wohl der Familien zu kümmern, bei Hochzeiten oder bei der Geburt eines Kindes mit klugem Rat beizustehen.
Ihr stand ein Pfau zur Seite, ein besonders schlaues Tier, das mit seinen kräftig leuchtenden Pfauenaugen scharf beobachten konnte und der Göttin bei ihren Entscheidungen half.

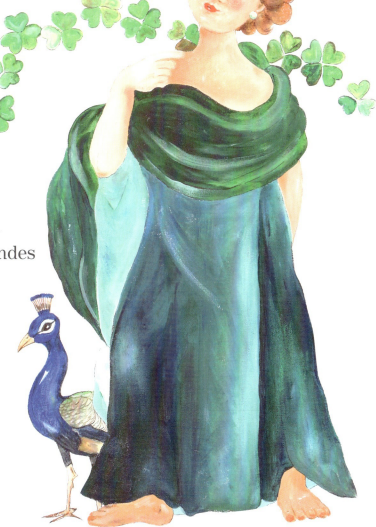

An einem wunderschönen Tag, an dem die Erde mit leisem Vogelgezwitscher geweckt wurde und Spinnen im Spiel der Sonnenstrahlen ihre Fäden zu kunstvollen Netzen flochten, hatte Hera Geburtstag. Schon lange hatte sie ihren Ehrentag sorgfältig vorbereitet.

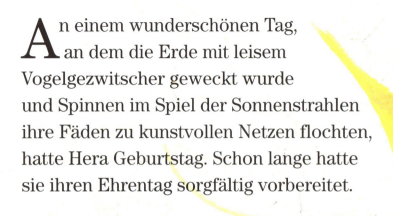

Mit selbst gefertigten Einladungen waren ihre göttlichen Freunde zu einem Festmahl gebeten worden, das ein einzigartiges Spektakel werden sollte.

Prachtvoll hatte Hera die Festtagstische mit Blüten und Früchten verzaubert. Bunte Blätter nickten saftigen Trauben zu und Weinlaub wiegte sich gegen das Rosa und Lila stolzer Lilien. Kleine Käfer und Insekten zwinkerten sich zu und genossen den Anblick dieser reich gedeckten Tafel.

Die Gäste erschienen. Mit ihren festlichen Gewändern, geschmückt mit glitzernden Perlen und Blumen, wirkten sie wie eine Woge der Schönheit und Fröhlichkeit.

Hera konnte sich kaum retten vor all den Glückwünschen, den Umarmungen und Beteuerungen aufrichtiger Freundschaft und Zuneigung.

Lange lachte die Sonne voller Teilnahme vom Himmel herab, hob aber irgendwann die linke Augenbraue, um an die fortgeschrittene Stunde zu erinnern.

Hera verstand den Hinweis sofort und bat ihre Freunde zu den gedeckten Tischen. Jeder Gast nahm seinen Platz nach einer bestimmten Sitzordnung ein, die die Göttin festgelegt hatte. Glücklich und ein wenig hungrig wanderten die Augen über die bunten Tische.

Früchte, gegrillte Fische, gebratene Hühner, duftende, mit Nüssen verzierte Teigwaren, verschiedene Gemüse, edle Weine und Nektar ergötzten die Gaumen der Geladenen. Es wurde geplaudert und gelacht, bis die Gäste, gesättigt durch die vielen Köstlichkeiten, ein wenig ruhen wollten.

Hera indessen, da sie ihren unsterblichen Freunden an ihrem Ehrentag nur das Erquicklichste und Unterhaltsamste bieten wollte, bat Zeus, ihren allmächtigen Gemahl, ein großartiges Theater entstehen zu lassen, um damit ihre Gäste zu überraschen. Die Göttin wünschte sich, dass die Menschen als Schauspieler ganz unten auf der Bühne verschiedene Rollen spielten, während die Götter von den oben gelegenen Sitzreihen des Theaters zuschauen sollten.

Zeus hörte aufmerksam zu, schmunzelte und wirkte dann sehr konzentriert! Und nur durch einen kleinen Wink des Allmächtigen entstand eine ganz neue Welt, in Form eines Amphitheaters, groß und wunderschön.

Die Gäste verharrten mit staunenden Blicken, entzückt von dem Anblick, der sich ihnen so plötzlich bot. Verzaubert erhoben sie sich und folgten Hera, die lachend die Stufen des soeben entstandenen Theaters empor eilte.

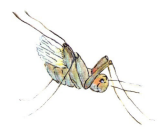

Kaum hatten die Götter im himmlischen Bereich des Theaters ihre Plätze eingenommen, sandte die Sonne ihre kräftigsten Strahlen aus. Gespannt rutschten die göttlichen Zuschauer auf ihren Plätzen hin und her und blickten hinunter auf die Bühne.

Plötzlich erschien ein Mensch in der Maske einer Pflanze, die in einem saftigen natürlichen Grün erstrahlte. Die Pflanze wuchs in rasanter Geschwindigkeit zu einem Baum, der sich dem Himmel entgegenstreckte.

Von oben rauschte mit gewaltigem Flügelschlag ein grün leuchtendes Ungeheuer herbei, fauchte und stieß auf die Bühne nieder, wo es sich einem roten elefantenähnlichen Wesen auf den Rücken setzte. Das friedliche Tier, das gerade erst die Bühne betreten hatte, trompetete heftig, schaute erschrocken um sich und trabte dann schwerfällig davon.

Nun kamen weitere Schauspieler auf die Bühne: Von links trat mit lautem Brüllen ein Mensch mit der Maske eines Löwen hervor. Dem majestätisch schreitenden Tier folgte in geducktem Gang ein anderer in der Maske eines Wolfes.

Von rechts erschien stampfend ein Stier, gefolgt von einem frechen kleinen Fuchs, der übermütig Purzelbäume schlug. Ein Schwein hatte einen Hasen im Schlepptau, und Hand in Hand kamen ein Esel und ein Hund daher.

Sie alle bewegten sich so naturgetreu und machten so echte Geräusche, dass selbst die kritischsten Götter ihre Begeisterung mit lautem Jubel ausdrückten und nicht aufhören konnten zu staunen.

Mit Hilfe von Masken und Kostümen konnte sich der Mensch so vielgestaltig verwandeln. Er hatte auf der Bühne eine ganz neue Welt erschaffen. Welcher Erfindungsreichtum! Welche Phantasie!

Während unten die verschiedenen Tiere, Bäume und andere Pflanzen umhertanzten, verließ Hera ihren Platz, sprang und hüpfte ausgelassen durch die Reihen. „Wie gefällt euch das Spiel, liebe Freunde?", fragte sie lachend. Ihre Gäste klatschten laut und versicherten, niemals etwas Schöneres und Ergötzlicheres gesehen zu haben. Nichts wäre für Heras Geburtstag würdiger gewesen.

Auch Zeus nickte zustimmend und bemerkte, dass es nichts Bewundernswerteres gäbe als den Menschen. „Schaut", sagte er mit stolzer Stimme, „er, mein Sprössling, ist mein getreues Ebenbild. Er ist selbst ein Schöpfer und bringt so herrliche Dinge hervor, wie wir sie heute sehen können. Ich habe ihm einen freien Willen und die Vernunft gegeben, damit er walten kann und entscheiden, was er tut. Aber, lieber Mensch", fuhr Zeus, zur Bühne gewandt, fort. „Du bist nicht nur ein Künstler, der Applaus und Ruhm genießen darf. Nein, du hast auch Verpflichtungen und trägst Verantwortung, denn du lebst in einer großen Gemeinschaft. Erst einfallsreiches und verantwortliches Handeln zum Wohle aller gibt dir Würde."

Während die Götter und Menschen noch über die Worte ihres allmächtigen Vaters staunten, trat plötzlich ein als Zeus verkleideter Mensch auf die Bühne. Seine Sprache und Gestik waren so überzeugend, dass die Götter nicht sagen konnten, ob dort unten ein Schauspieler oder ein Gott auftrat. Irritiert blickten sie zu den oberen Sitzreihen hinauf. War der Thron des Allmächtigen besetzt? Wo war er, der Herrscher, der Schöpfer aller Dinge?

Da erkannten sie ihn, wie er aufrecht neben seinem Thron stand, sprachlos, staunend, den Blick auf die Bühne gerichtet. Der Mensch dort unten hatte durch das meisterhafte Spiel der Verwandlung und Nachahmung das Grau der Erde verlassen und war vom himmlischen Licht umhüllt. Er hatte göttliche Ehre erworben!

Die Götter auf der Tribüne waren außer sich vor Begeisterung und baten den Menschen, der die Rolle des Zeus so perfekt gespielt hatte, seine Maske abzunehmen und zu ihnen emporzusteigen. „Komm herauf zu uns", rief Hera und bat Hermes, den Götterboten, Gott der Künste und der Magie, ihm einen Platz neben dem göttlichen Vater zuzuweisen.

Als der Mensch langsamen Schrittes die Zuschauerreihen hinaufschritt, wollte ein jeder ihn anfassen und in seine Nähe rücken. Rechts und links zupften sie an seinen Kleidern, um ein wenig von seinem Glanz und seinem Licht abzubekommen. Wie er nun so ganz unverhüllt, ohne Maske und Verkleidung, unter ihnen war, wurde offenbar, dass Götter und Menschen sich erstaunlich ähnlich sind.

Zeus legte seine Hand freundschaftlich auf die Schulter des Menschen und sprach, zur Bühne gerichtet: „Voller Bewunderung und Begeisterung haben wir Götter euer Schauspiel betrachtet. Als höchstes Lob sollst du, stellvertretend für all die Menschen, die ihr Können gezeigt haben, einen Ehrenkranz erhalten, wie er Siegern und Helden zusteht."

Er lächelte stolz, denn der Erfolg des Menschen gereichte auch ihm zur Ehre, da er ja sein Schöpfer war. „Doch lasst mich zunächst einige Gedanken über den Menschen äußern, dieses Abbild göttlicher Schönheit und Harmonie", fuhr er fort. Und er erzählte von der Erschaffung des Menschen, dem er viele seiner Eigenschaften übertragen hatte.

Zeus hatte ihn in aufrechter Haltung erschaffen, damit er sowohl zum Himmel hinauf als auch auf die Erde hinab schauen konnte. Am Himmel sollte er die Götter erkennen, die Erde aber, mit all ihren Lebewesen und Pflanzen, bewohnen und bewirtschaften. Vor allem aber sollte er Herrschaft über seinen eigenen Körper und Geist gewinnen.

Am oberen Ende des Körpers sitzt der Kopf, die Schatzkammer des Menschen. In ihm wohnen sein Geist und die fünf Sinne. Die fünf Sinne geben alles, was von außen kommt, an den Geist weiter.

Erblicken, Erkennen und Betrachten sind Aufgaben der Augen. Sie sind beweglich und Kundschafter aller Dinge. Der Geist bemüht sich, alles, was die Augen sehen, zu einem Bild zusammenzufügen, zu deuten, sich zu erinnern und Dinge vorauszusehen. Die Augen dienen auch als Ausdruck der Seele und sind damit der bedeutendste Teil des Antlitzes.

Die Ohren, doppelt angelegt, können von beiden Seiten Töne erfassen, Klänge und menschliche Stimmen unterscheiden und beurteilen.

Die Gerüche, die Düfte und die Luft zum Atmen kommen durch die Nase.

Der Mund mit seinen wohlgeformten Lippen nimmt die Nahrung auf. Im Inneren des Mundes befindet sich die Zunge, die mit ihren vielen Geschmacksnerven unaufhaltsam damit beschäftigt ist, Bitteres, Süßes, Saures, Salziges und Scharfes zu schmecken. Die Zunge ist beweglich und kann daher auch den Strom der Stimme in Wörter teilen und in die Welt hinausschicken. Außerdem zeigt der Mund auch Traurigkeit und Freude. Am liebsten allerdings lacht er. Die Hände dienen als Werkzeuge und enden in den Fingern, mit denen man so viele Dinge berühren, ertasten und gestalten kann.

Nachdem Zeus die Schönheit seiner Schöpfung gepriesen hatte, verstummte er und legte bedächtig die Hände zusammen.

„Ach", sagte Hera, „wie wunderbar ist es, sich all dessen einmal bewusst zu werden, was wir zwar kennen, aber niemals genügend beobachtet haben. Nur durch die vielen Sinne", fuhr sie fort, „die so perfekt zusammengefügt sind, ist der Mensch in der Lage, überaus erfinderisch zu handeln und sich die Welt nach seiner eigenen Vorstellung zu gestalten."

Was kann man alles in dieser vom Menschen geschaffenen Welt bewundern! Den Bau der Pyramiden, Brücken, die Orte und Menschen miteinander verbinden, Häuser und Türme, die fast bis zum Himmel reichen und Schiffe, die die Meere überqueren. Dies und unendlich viel mehr hat der Mensch mit seinem Verstand und seinen Händen geschaffen.

Aber auch die besondere Art und Weise des Menschen, mit Tieren und Pflanzen umzugehen, ist bewundernswert. Die Tiere sind des Menschen liebste Hausgenossen und dienen als Freunde und Beschützer. Bäume und Pflanzen sind mit ihren heilenden Wurzeln und Blättern seine Apotheke. Prächtig und wunderschön in Form und Farbe schmücken sie Häuser, Gärten und ganze Länder.

Hera nahm Zeus in die Arme, weil sie an diesem Tag so überaus glücklich war.

„Aber das Beste, was der Mensch hervorgebracht hat, sind doch die Sprache, die Buchstaben und die Schrift", befand Zeus, wobei er seinen Sprössling bewundernd anschaute. Fürwahr, mit der Sprache und den Buchstaben kann der Mensch allen Dingen einen Namen geben, Begriffe erfinden und Wörter bilden.

Er kann das Gedachte erklären und es aussprechen. Er kann dichten, schreiben und singen. „Ohne die Sprache hätten die Menschen kein so herrliches Fest, wie wir es heute alle miteinander feiern", sagte eine Freundin von Hera, „denn sie könnten sich nicht einmal etwas erzählen." „Es wäre sehr ruhig und gar nicht fröhlich", bemerkte eine andere. Und eine kluge dritte Göttin meinte, dass es doch ohne das Wort gar kein Denken, keine Religion, keine Wissenschaft, keine Dichtung und keine Märchen gäbe.

Langsam wurden auch die übrigen Götter aufmerksam. Einer ergänzte, dass nur durch das Zusammenspiel von Geist und Gedächtnis das Erinnern möglich sei, sowie das Beurteilen und Entscheiden.

Der Mensch, inmitten der Götter, hörte aufmerksam zu. Schließlich ging es um ihn, den Vertreter aller Schauspieler und aller ins Göttliche erhobenen Menschen.

Die Künstler auf der Bühne waren nicht ganz so still und ehrfürchtig. Sie zwinkerten sich zu und klopften sich gegenseitig auf die Schultern, voller Erwartung, dass nun etwas geschehen würde - eine feierliche Ehrung. „Vielleicht klatschen wir einfach mal in die Hände", schlug einer von ihnen vor. „Dann werden die Götter schon merken, dass es mit der Gestaltung des Festes weitergehen soll."

Und so geschah es. Die Götter verstanden den Wink und murmelten etwas in ihre Bärte. Hermes verteilte festliche, lange rote Gewänder, die er eilig herbeigeholt hatte. Auch dem Menschen reichte er ein Festgewand, denn zu der großen Ehrung sollte die Kleidung besonders feierlich sein, dem Anlass entsprechend. Wie er dort saß, der menschliche Gast, etwas nervös, auf dem ehrenvollen Platz zwischen Zeus und Hera, inmitten der göttlichen Schar!

Er war nun selbst Zuschauer geworden und blickte auf die Bühne der Welt hinunter, auf der er eben noch ein Schauspieler war.

Die Sonnenstrahlen tanzten in den Gesichtern der Anwesenden. Es erhob sich ein Summen und Zirpen der kleinen Insekten und Käfer. Sie stimmten zur Freude der Festgesellschaft ein Liedchen an. Blätter und Blumen verbanden sich zu einem leuchtenden Kranz, den das Licht in ein himmlisches Türkisblau tauchte.

„Seht, Freunde", hob Athene, Tochter des Zeus, Göttin der Weisheit und der Künste, an „hier reiche ich dir, Vater, den Ehrenkranz für unseren Helden." Zeus nahm den aus kräftigen dunkelgrünen Lorbeerblättern gefertigten Kranz freudig entgegen.

Aphrodite, Göttin der Liebe und der Schönheit, ebenfalls eine Tochter des Zeus, trat hervor, lächelte und forderte die Festgesellschaft mit einer freundlichen Handbewegung auf, sich zum feierlichen Akt von den Plätzen zu erheben.

Es war sehr still in diesem spannenden Moment, als Zeus vor den Menschen trat und ihm den Ehrenkranz auf sein Haupt setzte. So still, dass man nur die Melodie des Windes hören konnte. Zeus legte seine Hände auf das gekrönte Haupt und sprach mit erhobener Stimme: „Mein Sohn, wie glücklich sind wir alle am heutigen Tag. Durch deine schöpferische Kraft, Phantasie und deine Taten hast du zugleich dir und uns, den Göttern, die allergrößte Freude bereitet. Du verkörperst wahrhaftig die Würde des Menschen!"

Die kleinen Tiere kicherten und schauten sich die menschlichen Gestalten an. „Ihr mit eurer Würde", piepsten sie. „Ihr mit eurem Ebenbild Gottes. Sind wir denn gar nichts?" Und sie schlugen kräftig auf die Trommeln, die sie zum Fest mitgebracht hatten.

„Ach, ihr wunderbaren Pflanzen und Tiere", sagte Zeus und beugte sich liebevoll hinunter. „Ohne euch gäbe es diese Erde in ihrer Schönheit und Vielfalt ja gar nicht.
Nur durch euch alle miteinander ist die Erde lebensfähig.
Allerdings hat der Mensch von mir die
höchsten Gaben erhalten, wie schöpferisches Denken
und Erfinden. Er kann verschiedene Gestalten annehmen,
wenn er all seine Möglichkeiten ausschöpft.
Auch ist er ein soziales Wesen mit Rechten und Pflichten,
sich selbst und der Gemeinschaft gegenüber. Nicht nur
die Kultur, sondern auch die Wissenschaften sind
eine Gemeinschaftsleistung der Menschen.
Denken und Handeln sind seine eigentliche
Bestimmung, die ihn glücklich macht und
ihm Würde gibt."

Das verstanden die Tiere,
die gerade noch voller Staunen das
Bühnenspiel der Menschen und
die Verwandlung mit Hilfe der Masken
beobachtet und bewundert hatten.

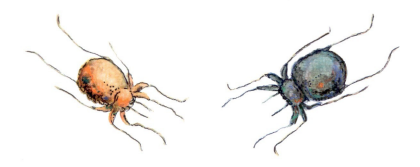

"Jedes Ding auf der Erde hat seinen Zweck und jeder Mensch seine Rolle", sagten sie übereinstimmend. "Nur wir alle gemeinsam, wie Perlen auf einer Schnur, ergeben die Kette, die zum Schmuckstück und zur Freude aller wird." Und sie lächelten einander freundschaftlich zu.

Die Herzen der Götter und der Menschen waren hell vor Freude, als sie mit klingenden Gläsern auf den Triumph des Menschen anstießen. Zeus nickte und der ganze Olymp erbebte, als würde der Berg und das gesamte Universum mitfeiern.

Auf Heras Wunsch hin ließ Zeus langsam die Nacht hereinbrechen. Fackeln, Wachskerzen und Öllampen wurden herbeigeholt. Die Sterne funkelten am dunklen Himmel. Es war, als habe jemand glitzernde Salzkristalle quer über das Firmament gestreut.

Der Schein des Mondes legte sich still über das Haupt des geehrten Menschen und kitzelte zärtlich sein Ohr. „Seht", flüsterte der Mond, „ihr habt heute eure Talente neu entdeckt, euch auf wunderbare Weise als erfinderische, kreative Wesen gezeigt und bewiesen, dass ihr mit Fleiß und Arbeit, mit Verantwortung und Ausdauer eine ganze Welt erschaffen könnt.

Liebe und Anerkennung haben euch die Götter geschenkt, Würde aber erhaltet ihr nur durch euch selbst."

Damit schloss der Mond langsam seine Augen und verschwand hinter dem Olymp. Das Licht erlosch sanft und die Nacht brach endgültig herein.

Übrig blieben allein die funkelnden, lachenden Sterne, die liebevoll vom Himmel getragen wurden. Ihr Licht begleitete die letzten Gäste auf ihrem Heimweg in die Ruhe der Nacht.

Impressum

Ulrike Munte, 1954 in Köln geboren, Mutter von 3 Söhnen, lebt und arbeitet in Braunschweig.

Sie studierte an der Hochschule für bildende Künste in Braunschweig. Ihr besonderes Interesse gilt der Maltechnik alter Meister, der Ikonenmalerei sowie der Literatur der Renaissance und des Humanismus.

Die Aktualität der Thematik jener Epoche inspirierte Sie, dieses Märchen zu schreiben und zu illustrieren.

© 2009	Ulrike Munte, Braunschweig
Text /Illustration	Ulrike Munte
Gestaltung	www.typusmedia.de ™
Herstellung	Ruth Printmedien GmbH
Verlag	Appelhans, Braunschweig 2009 www.appelhans-verlag.de
ISBN	978-3-941737-14-3

Printed in Germany

Alle Rechte vorbehalten. Die vollständige oder auszugsweise Speicherung, Vervielfältigung oder Übertragung dieses Werkes, ob elektronisch, mechanisch, durch Fotokopie oder Aufzeichnung, ist ohne vorherige Genehmigung des Rechteinhabers urheberrechtlich untersagt.